AF403729

LE POLITICOMANE

ET LE NIHILISTE,

OU

LE POUR ET LE CONTRE.

> Sitôt que quelqu'un dit des affaires de l'État : *Que m'importe ?* on doit compter que l'État est perdu.
>
> (CONTR. SOC. ; liv. III, chap. XV.)

PAR J. LAGARDE ET J. L'HERMITTE.

A PARIS,

CHEZ Anth^e. BOUCHER, IMPRIMEUR-LIBRAIRE,

RUE DES BONS-ENFANTS, N°. 34.

1821.

DE L'IMPRIMERIE D'ANTH°. BOUCHER, SUCCESS. DE L. G. MICHAUD,
Rue des Bons-Enfants, N°. 34.

LE POLITICOMANE

ET LE NIHILISTE.

Pʜɪʟosopʜe moderne, en son champêtre asile,
Loin du monde bruyant Léandre vit tranquille;
Il cultive un verger, les fleurs et la vertu :
    Loisirs charmants, et bien dignes du sage !
Au-delà des confins d'un modeste héritage
Il n'étend point ses vœux. Qu'un pacha soit battu,
Que les Carbonari soient ou non des rebelles,
Son bonheur se refuse à ces tristes nouvelles.
    Aucun pamphlet, aucun journal chez lui
N'apporte ni l'erreur, ni la fourbe ou l'ennui.
Par lui la Politique en infâme est proscrite;
Et sur sa porte, en gros, cette annonce est écrite :
    « Un ami de la paix
    » Habite sous ce toit rustique :
» Sur le seuil, en entrant, laissez la Politique,
    » Ou dans ces lieux n'entrez jamais. »
Pour moi, si de mon gîte il me fallait défendre
L'entrée à tout venant, comme le fit Léandre,
    Du nombre des bannis
    J'aurais soin d'excepter les belles ;
    Mais supposons qu'à la faveur des nuits,
La consigne, parfois, aura cessé pour elles.

Damon est de Léandre un contraste étonnant:
Des nouvelles du jour, de Naples, de la Grèce,
De la chambre des lords, des rois du continent,
A toute heure, en tous lieux, il vous parle sans cesse.
Jusque dans nos malheurs il trouve des appas;
Récitant ce qu'il sait et ce qu'il ne sait pas;
L'esprit du *Moniteur* compose son génie.
Rien ne peut arrêter son ennuyeuse ardeur :
Amis, parents, épouse, ont à cette manie
   Cédé leur place dans son cœur.

  Chaque matin, au lever de l'aurore,
  Il se nourrit de journaux, de pamphlets,
Les savoure, en dînant, comme ses meilleurs mets,
Et le soir, à souper, il les digère encore.

 Or, vous figurez-vous ce journal ambulant,
Au mépris de l'usage, introduit chez Léandre,
Et l'autre, avec raison, peu jaloux de l'entendre,
Lui donnant pour réponse un silence accablant ?
« Mais, encore une fois! dit Damon en colère,
Le prince aurait-il dû conclure ce traité,
Odieux pour lui-même, et pour la liberté ?
Repondez en *ultrà* plutôt que de vous taire.... »

LÉANDRE.

  Morbleu! quelle importunité !
Sachez que, grâce au ciel, je ne suis royaliste,
Ultrà, ni libéral; car je suis *Nihiliste*,
Ou partisan de *rien*; et, pour parler français,
Je serais encor moins, Monsieur, si je pouvais.

Passager dans la barque,
Je laisse aux matelots diriger le timon ;
Chez moi je suis monarque ;
Et ne gouverne, enfin , que ma maison.
Aussi, n'y puis-je point souffrir de nouvelliste !

LE POLITICOMANE.

Ni libéral, ni royaliste !
On est coupable, alors qu'on est indifférent.
Sur les débats de la patrie.
Vous ignorez, je le parie,
Qu'un personnage illustre hier perdit son rang ?

LE NIHILISTE.

Ne rien savoir est ma science ;
La paix de l'âme est mon bonheur.

LE POLITICOMANE.

Pour ces grands intérêts qui divisent la France
Vous témoignez une indigne froideur !
Mais si chacun raisonnait de la sorte,
Quels seraient nos destins, grands dieux !

LE NIHILISTE.

Écoutez, là-dessus, le conte que rapporte
Un écrivain judicieux :

Il dit qu'en un lointain rivage,
Où régnèrent long-temps l'abondance et les arts,
L'on découvre, de toutes parts,
Un pays inculte et sauvage,

Dont le sol ne produit que des cyprès affreux.
Vous eussiez vu jadis les Amours et les Jeux
  Y folâtrer sur la plage fleurie.
   De la nature et du génie
  Vous eussiez vu les plus riches trésors ;
   Ce n'était partout, sur ces bords ,
Que superbes palais, colonnes, pyramides,
Frais vergers , bois touffus, jardins délicieux.
Vous n'aviez pas, alors, chantres harmonieux ,
   Troupes joyeuses et timides,
A l'oiseau de Minerve abandonné ces lieux ;
   Et des Renauds et des Armides
Goûtaient, à vos concerts , les voluptés des Dieux.
   Tout charmait les oreilles ;
   Tout captivait les yeux.
  Bref, ce pays si fécond en merveilles,
   Où l'homme marchait sur des fleurs ,
  Fut autrefois l'asile des Chimères :
   C'était là , du temps de nos pères,
Qu'allaient s'effectuer leurs rêves enchanteurs ;
C'était l'heureux séjour des châteaux en Espagne,
Un second Elysée , un pays de Cocagne.
Les souhaits des amants , et les vœux des auteurs ,
   Mille projets imaginaires ,
Enfants de l'espérance, ou produits par l'orgueil,
   Passaient, en un clin-d'œil ,
Du creux de nos cerveaux en des lieux si prospères,
Et , convertis en âme , ils entraient dans des corps
  Qui, se mouvant par ces nouveaux ressorts,

Réalisaient tant de beaux songes.
Bien des illusions n'étaient plus des mensonges!
L'un occupait un trône. Un autre, à peu de frais,
D'un château magnifique achevait la structure.....

LE POLITICOMANE.

Eh! laissez-là vos châteaux, vos palais!
Nous parlons politique, et non d'architecture.

LE NIHILISTE.

La Politique, hélas! n'aborda que trop tôt
        Sur ce paisible et fortuné rivage,
Qui des rêves humains, pour le dire en un mot,
Fut, durant trois mille ans, une riante image.
        Mais quand ce démon désastreux
Enfanta parmi nous des projets chimériques,
        On vit soudain succéder, en ces lieux,
A des songes légers, badins, ingénieux,
Des rêves noirs, pesants, les rêves politiques.
        O crime! l'on vit même alors,
Suivant de son destin la pente inévitable,
        On vit l'habitant de ces bords
Accomplir, dans le sang, plus d'un rêve effroyable,
        Né de nos éternels discords.
        Loin du bruit, à l'ombre d'un hêtre,
        Tel qui naguère était heureux,
        En chantant des vers amoureux
        Sur sa flûte champêtre;
L'œil hagard maintenant, et le glaive à la main,
Un bonnet rouge en tête, égorge, pend ou pille

Quiconque, suivant lui, n'est pas républicain.
Le trouble divisa bientôt chaque famille.
    Par ses projets ambitieux,
Un homme à l'esprit vaste, un géant politique,
Ne rêvant que forfaits et combats furieux,
Porta les derniers coups à ce peuple anarchique.
    Et c'est ainsi que, de nos tristes jours,
        Féconde en maux, en biens stérile,
        Des cœurs, autrefois leur asile,
    La Politique a chassé les Amours.
Un imberbe, à présent, au sortir du collége,
S'arroge, sans pudeur, l'orgueilleux privilége
De gourmander son Roi, de régir son pays.
Ecoutez ses conseils ! suivez donc ses avis !
Ce politique-né manque d'expérience,
N'importe ! il est couvert d'un vernis de science ;
Il connaît quelques mots de latin et de grec ;
Il parle même un peu le langage algébrique ;
Otez-lui ce vernis, et mon homme est à sec ;
Cependant il raisonne, il approuve, il critique !
    Vaine jeunesse, employez vos moments
Tour-à-tour aux travaux, aux plaisirs de votre âge ;
    Ne discutez que sur les agréments
    D'un sexe et sensible et volage.
Mais quoi ? ce sexe même, en de noirs arguments
    Change son gracieux sourire,
Affecte en ses discours la morgue d'un prélat,
Et cessant, sur les cœurs, d'étendre un doux empire,
A sa manière aussi veut gouverner l'État.

O femmes ! ce n'est point une étude pareille
Que, dans son Art d'aimer, Ovide vous conseille.
Affreuse Politique ! Ah ! rentre au sein des cours,
    Où ton flambeau peut être utile ;
Car, dans les mains du peuple, on le verra toujours
    Allumer la guerre civile.

LE POLITICOMANE.

Le peuple, avec raison, de ses droits est jaloux.

LE NIHILISTE.

Avec raison aussi je redoute ses coups.

LE POLITICOMANE.

Renoncez à vos droits, si telle est votre envie ;
Mais dépouillez, alors, le beau nom de *Français*.

LE NIHILISTE.

Ah ! renoncez plutôt, vous, à votre manie !
Elle entraîne sans cesse à de cruels excès.
    Au gré des vents, sur la foi des étoiles,
    Laissons voguer le vaisseau de l'État ;
Quand d'un souffle contraire on veut enfler les voiles,
Quand le simple sujet résiste au potentat,
Les autans mutinés renversent l'équipage.

LE POLITICOMANE.

C'est qu'un vrai citoyen, dans sa noble fierté,
    Bravant les hasards du naufrage,
    Préfère, au tranquille esclavage,
    Une orageuse liberté.

LE NIHILISTE.

Voilà ces funestes maximes
Que partout on publie, et qui poussent aux crimes!
Puissé-je voir brûler tous vos maudits journaux!
En éclairant le peuple on lui montre ses maux ;
    Il vaut bien mieux qu'il les ignore!
Croyez-vous que les Grecs et les Napolitains
Eussent jamais été de semblables mutins,
Si ce qu'on leur apprit, ils l'ignoraient encore ?....

LE POLITICOMANE.

Arrêtez-vous, Monsieur, et ne blasphémez pas !
N'appelez point ainsi des nations entières,
    Qui, pour l'indépendance, accourant aux combats,
De leurs braves aïeux relèvent les bannières.
Des Grecs long-temps flétris un coupable repos
N'a pu légitimer le joug des infidèles.
    Vainqueurs, ils seront des héros.....

LE NIHILISTE.

Vaincus, ils seront des rebelles.

LE POLITICOMANE.

Non : leur défaite, aux yeux de l'univers,
Les couvrirait encor de la plus noble gloire;
Ainsi l'on nous a vus, trahis par la victoire,
De lauriers immortels couronner nos revers.
O grand Léonidas, Phocion, Thémistocle;
Et toi, brave vengeur du malheureux Patrocle,
D'Athènes et de Sparte antiques libéraux,

Sortez, sortez de vos tombeaux !
La Grèce est en danger, la Grèce vous appelle !
Venez donc l'arracher aux mains de l'oppresseur.
Il n'appartient qu'à vous le merveilleux honneur
De vaincre, et de périr jusqu'à deux fois pour elle !

LE NIHILISTE.

Tout doux, Monsieur, tout doux ! ne parlez pas si haut ;
A quoi bon, je vous prie,
Réveiller les morts en sursaut ?
C'est forcer le sublime en fait de rêverie.
Si pour les Grecs vous avez tant d'amour,
Que n'allez-vous les secourir vous-même ?
Mais enfin quand ces vœux, quand cette ardeur extrême
Du grand Léonidas hâteraient le retour,
Les Musulmans, en dépit de sa gloire,
Auraient le *Grand-Seigneur* pour s'opposer à lui ;
Et tous vos Grecs, malgré leur formidable appui,
Pourraient fort bien traverser l'onde noire.

LE POLITICOMANE.

La mort est préférable aux fers ;
J'aimerais mieux être libre aux enfers,
Que traîner ici-bas une vie infamante.
Et puis, était-ce aux Turcs que la Grèce rampante,
Dans le lâche oubli de son nom,
Aurait dû, sous le poids d'une chaîne pesante,
De son éclat passé rendre aujourd'hui raison ?
Jalouse d'être indépendante,
Jalouse de ses droits, et non de dominer,

Vous ne voudriez pas que, libre et triomphante,
Elle choisît des chefs pour la mieux gouverner ?

LE NIHILISTE.

Je veux la paix, vous dis-je, et point de Politique.
Que m'importent, à moi, toutes vos libertés ?
Que me fait un empire, un pouvoir monarchique,
Qu'entravent les débats de cinq cents députés ?

LE POLITICOMANE.

Quoi ? celui qui défend nos droits à la tribune.
Ne sera, selon vous, qu'un futile orateur !

LE NIHILISTE.

Selon moi, c'est de la fortune,
Des titres et des rangs un humble adorateur.
Je sais comment il veut le bien de la patrie.
La tribune est l'échasse où, dans sa rage impie,
Afin de se grandir, monte l'ambitieux.

LE POLITICOMANE.

La tribune, au contraire,
Est un fanal brillant, dont la vive lumière
Le plus souvent éclaire
Ce qu'on s'efforce, en vain, de cacher à nos yeux.
Rendez plus de justice aux hommes magnanimes.
Qui, toujours exposés aux traits des envieux,
Pour conserver l'État deviennent ses victimes.
Rendez surtout hommage à l'illustre guerrier,
Au vieux défenseur de la France,
Qui, dans la paix, armé d'une mâle éloquence,

Sur sa patrie encore étend son bouclier.
Vingt blessures qu'il cache, attestant sa vaillance,
Vous diront s'il doit sa grandeur
A la bassesse, aux ruses de l'intrigue;
Dans nos débats, les seuls titres qu'il brigue,
Sont des titres de gloire ainsi qu'au champ d'honneur.
Orgueilleux de porter une double couronne,
Le député, chez nous, soldat législateur,
Joint la palme civique aux lauriers de Bellone.

LE NIHILISTE.

Ne me vantez pas tant vos tribuns belliqueux:
Ils font plus de bruit que d'ouvrage;
Et, pour parler beaucoup, à quoi sert le courage?
Que nous serions bien plus heureux,
Que les rois seraient plus tranquilles,
Sans tous les discours inutiles
De ces orateurs ennuyeux,
Qui, presque tous prêchant pour eux,
Et fort rarement pour les autres,
Font néanmoins les bons apôtres;
Ils mettent sans cesse en avant
Les mots sublimes de *patrie*,
De *Droits du peuple*, ou d'autres que j'oublie;
Et le peuple crédule est abusé souvent
Par cette hypocrite homélie.

LE POLITICOMANE.

Dignes représentants d'un peuple généreux,
On les entend, aux malheureux,

Prêter une voix secourable ;

Du faible ils assurent les droits ;

Et quand l'homme puissant ose enfreindre nos lois,

Soudain leur doigt vengeur signale le coupable.

Sans eux, l'on gémirait long-temps

Sous le fier proconsul, tyran de sa province ;

Sans eux, le cri des mécontents

Ne pourrait parvenir à l'oreille du prince.

Et quand de la patrie ils ont bien mérité,

Lorsque l'Europe entière,

Au nom de la sagesse et de la liberté,

Leur offre le brevet de l'immortalité,

Un citoyen flétrit leur noble caractère !

LE NIHILISTE.

Le simple citoyen devrait voir et se taire.

Je me tais donc, Monsieur, et ne réplique plus,

Afin de terminer l'entretien que j'abhorre ;

Car, avec vous, jamais on n'aura le dessus. »

Son terrible adversaire allait reprendre encore,

Lorsque, fort à propos, le vieux Mélinde entra.

A son avis chacun s'en référa.

Vous avez tort tous deux, dit-il ; le Nihiliste,

A qui la Politique est un poids importun,

Ne prenant point de part à l'intérêt commun,

Figure, ou je me trompe, un parfait égoïste.

Le Politicomane, avec ses beaux discours,

Ne porte à son pays qu'une amitié factice,

Et l'esprit de parti, non l'esprit de justice,
A parler de l'État l'excite tous les jours.

Par vos excès, tous deux inexcusables,
Chacun de vous, au Roi, retire un citoyen.
Voulez-vous à l'instant cesser d'être coupables ?
Il est, Messieurs, un excellent moyen :
Qu'à Léandre entaché d'un si grand égoïsme,
Damon ne cède-t-il moitié de son ardeur ?
L'un pour le bien public aurait moins de froideur,
L'autre aurait moins de fanatisme.